Fische

20. Februar – 20. März

arsEdition

Inhalt

Einführung in die Astrologie

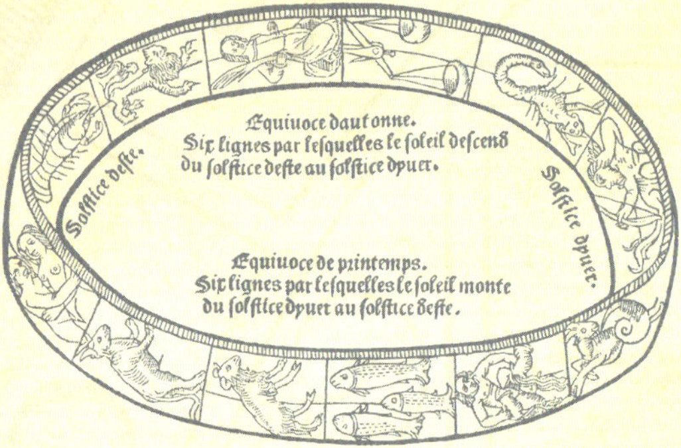

Wir »modernen« Menschen leben heute in einer Welt der Wissenschaften, genauer gesagt in einer Welt der Naturwissenschaften. Mathematik, Physik, Chemie und Biologie bestimmen und erklären unser Leben auf dem Planeten Erde. Die Naturwissenschaften erheben den Anspruch, alles deuten und erklären zu können: wie das Universum entstanden ist, auf Grundlage welcher Gesetze der Kosmos und alles in ihm »funktioniert«, warum ein reifer Apfel vom Baum auf die

Erde und nicht die Erde auf den Apfel fällt – der Raum und sein Inhalt, die Zeit und ihr Maß: Wir glauben an die hundertprozentige Richtigkeit naturwissenschaftlicher Gesetze.

Warum? Weil Naturwissenschaftler ihre Annahmen und Voraussagen beweisen können. Zunächst beobachten sie Phänomene, beschreiben sie und bilden dann eine Hypothese über die Wahrscheinlichkeit der diesen Abläufen zugrunde liegenden Gesetze. Wenn sich dann, wieder und wieder bei Beobachtungen in freier Natur oder bei einem Versuchsaufbau im Labor bei gleichen Rahmenbedingungen, exakt die gleichen Abläufe ergeben, werden ein Phänomen und die daraus folgende wissenschaftliche Hypothese zum Gesetz. So ist unsere Welt erklärbar geworden und überdies »sicher«, da wir modernen Menschen ja wissen, wie sie in sich funktioniert. Das macht sie »übersichtlich«, das reduziert ihre erschreckende Komplexität.

Die starke Suggestionskraft, die von den Errungenschaften der Naturwissenschaften auf den menschlichen Geist und das menschliche Weltverständnis ausgeht, rührt jedoch auch vom Willen des Menschen, sein Schicksal selbst zu bestimmen. Der geistige Emanzipationsprozess, der im Zeitalter der Aufklärung im 17. und 18. Jahrhundert einsetzte und die menschliche Vorstellungskraft von Mythen und starren religiösen und ideologischen Vorurteilen befreite, läutete den Siegeszug der Naturwissenschaften ein.

Gleichwohl übt die Astrologie nach wie vor eine hohe Anziehungskraft auf die Menschen aus. Das war auch bereits vor zwei oder drei Jahrtausenden so. Verfügten nicht auch bereits die Babylonier, die Sumerer, die »alten« Ägypter, Griechen und Römer, dazu Chinesen und Inder, Azteken, Maya und weitere Indiovölker in Zentral- und Mittelamerika, über hervorragende mathematische, physikalische und astronomische Kenntnisse? Und alle diese Völker und Kulturen waren vom Blick ins nächtliche Firmament, von den flimmernden Sternen und dem Gang der Planeten fasziniert. Somit ist es nicht überraschend, dass auch heute noch viele Menschen an Erkenntnissen der Astrologie interessiert sind. Die »Errungenschaften« der Naturwis-

senschaften werden im Zeitalter der Atombombe und des Klonens menschlicher und tierischer Genome nicht mehr nur positiv gewertet.

Das ist *ein* Grund für die aktuelle Anziehungskraft der Astrologie, die viel mit Psychologie zu tun hat, mit einer Wissenschaft, die menschliches Verhalten interpretiert und deutet. In der Astrologie allerdings wird menschliches Leben ganzheitlich verstanden, als »Fluss« eines Ganzen, das in einen biophysikalischen, biochemischen und kosmologischen Rahmen eingebettet ist. Wichtig für das Verständnis und den Zugang zur Astrologie ist die Kombination der *Astro*nomie mit der Psycho*logie*. Aus beiden wird die *Astrologie*, die die fest gefügten Bahnen der Planeten und die Strukturen der Sterne mit der menschlichen Seele und ihrem Schicksal in Zusammenhang setzt.

Diese Definition ist jedoch sehr allgemein. Bei genauer Betrachtung basiert der Grundgedanke der Astrologie auf der Überzeugung, dass die Rhythmen in unserem Sonnensystem, die geprägt werden durch den Stand der Sonne, die Umlaufbahn des Mondes um unser Zentralgestirn und den Gang der Planeten, Einfluss haben auf biologische, chemische und psychische Prozesse auf unserer Erde. Die Gestirne und ihr

Rhythmus, mit dem sie sich im Verhältnis zur Erde bewegen, üben einen Einfluss, einen »kosmischen Reiz« auf die Seele der Lebewesen aus, allerdings weit komplizierter und weniger offensichtlich zu beobachten als zum Beispiel der Gezeitenwechsel von Ebbe und Flut, der durch den Abstand des Mondes zur Erde und durch den Wechsel der Jahreszeiten erzeugt wird. Die kosmischen Reize sind es also, mit denen sich die Astrologie vornehmlich beschäftigt.

Dabei sind Astrologen davon überzeugt, dass kosmische Reize ähnlich wirken wie beispielsweise die Wetterfühligkeit auf gesundheitlich sensible Menschen. Manche dieser Reize aktivieren charakterliche Eigenschaften und Verhaltensweisen, andere hingegen dämpfen sie. Das heißt: Eine ganz spezifische Konstellation der Gestirne determiniert Typus und Werdegang jedes Menschen. Dabei erzwingen die Konstellation der Sterne und andere kosmische Reize aber weder die Geburt noch das Schicksal eines Menschen, sie »reizen« lediglich und geben einen Impuls. Der Kirchenvater Thomas von Aquin drückte diesen Zusammenhang so aus: *»Die Sterne machen geneigt, sie zwingen nicht.«*

Die wichtigste Ausdrucksform der Astrologie ist die Erstellung eines Horoskops. Das Wort stammt von dem altgriechischen *horoskopos* und bezeichnet den im Osten aufsteigenden Tierkreisgrad; das Wort ist zusammengesetzt aus dem Substantiv *hora*, die »Stunde«, und dem Verb *skopein*, »sehen, schauen, erkennen«. Das Horoskop ist die Arbeitsgrundlage der Astrologie, eine grafische Darstellung der bestimmten Konstellation der Gestirne zum genauen Zeitpunkt der Geburt eines Menschen, bezogen auf seinen Geburtsort. Mit den berechneten Daten (die Konstellation der Gestirne relativ zum Beobachter auf der Erde) versucht die Astrologie den Einfluss der kosmischen Reize zu bestimmen.

In dieser Buchreihe geben wir unseren Lesern die Instrumente an die Hand, um möglichst zuverlässige Aussagen über die jeweilige Konstellation der Sterne treffen zu können. Dazu zählen genaue Charakteristiken der Tierkreiszeichen, ihre Partnerschaften sowie Informationen über den Einfluss des Aszendenten und des Mondes auf jedes Sternbild. Und nicht zuletzt unterrichten wir Sie über berühmte Vertreter jedes Tierkreiszeichens, über Mythen, die sich um die Sternbilder ranken, und ihre charakteristischen Vorlieben für Metalle, Farben, Steine, Tiere, Pflanzen und Düfte. Gleichermaßen eine informative und unterhaltsame Lektüre!

Fische

Persönlichkeit, Vorlieben, Beruf und Karriere, Freundschaft

Die Fische-Frau

In mancher Hinsicht hat es die Fische-Frau leichter als ihr männlicher Gegenpart. Sensibilität, Verletzlichkeit und Verträumtheit sind Charaktereigenschaften, die man gemeinhin – der Allgemeinplatz sei verziehen – doch eher bei einem weiblichen Wesen vermutet als bei einem Mann. Die Fische-Frau aber ist eben eine Frau, und deshalb scheint ihr naturgemäß das Anrecht gegeben, auf die Tränendrüse zu drücken. Und wenn sie das tut, dann wird schon einer kommen, um sie in den Arm zu nehmen …

Aber ernsthaft. Die Fische-Frau steht unter dem Einfluss des Planeten Neptun, der dafür verantwortlich ist, dass diese sehr weiblichen und anziehenden Frauen immer etwas Geheimnisvolles umgibt – was Männer in besonderem Maße fasziniert. Aber Vorsicht! Hinter dem zauberhaften Äußeren dieser Dame verbirgt sich ein äußerst vielschichtiges und nicht unkompliziertes Wesen. Die Tiefgründigkeit der Fische-Frau ist kaum auszuloten, und auch in einer Partnerschaft wird sie niemals all die Schattierungen ihrer Seele offenbaren – weil sie sie zum Teil selbst nicht kennt.

Die Fische-Frau folgt ihrer Intuition

Sie ist alles andere als logisch, und vom Verstand geprägte Menschen werden Mühe haben, sie auch nur ein klein wenig zu verstehen. Ihre Entscheidungen werden nicht aus rationalen Erwägungen heraus gefällt. Die Fische-Frau entscheidet sich nicht für einen Mann, weil er ein dickes Bankkonto hat und gut aussieht, sie wählt keinen Job einfach nur, weil er sie vorwärts bringt, und sie fährt nicht in ein Fünf-Sterne-Hotel, weil sie weiß, dass dort der Service stimmt. Nein, die Fische-Frau folgt in allen Belangen ihres Lebens ihrer Intuition.

Auch Umwege führen zum Ziel

Das sensible Auftreten darf aber nicht darüber hinwegtäuschen, dass gerade die weiblichen Vertreter dieses Sternzeichens durchaus wissen, was sie wollen – zumindest hin und wieder. Und das verstehen sie dann auch durchzusetzen. Nicht im Kampf, nicht direkt. Aber auf Umwegen und dann mit einer gewissen Ausdauer. Ihre scheinbare Schwäche kann eine starke Waffe sein. Und dann haben sie ja auch noch ihr Gespür. Wo andere mit der Brechstange arbeiten müssen, fahren sie ihre Antennen aus und erspüren genau, wann sie wo und wie ansetzen müssen, um ans Ziel zu kommen.

Frau Fisch hat ein großes Herz

Intuition und Sensibilität ist bei den Fische-Frauen unmittelbar gekoppelt an Mitgefühl und Verständnis. Für sie ist Zuhören gleichbedeutend mit Mitleiden oder Mitfreuen. Eine Geschichte, die von Schicksalsschlägen handelt, wird eine Fische-Frau fast ebenso sehr mitnehmen wie den, der sie erlitten hat. Und weil sie ein großes Herz hat, wird sie auch versuchen, dem bedauernswerten Zeitgenossen zu helfen. Doch bei allem großherzigen Einsatz für den Mitmenschen in Not – Frau Fisch wird immer versuchen, ihre eigenen Gefühle aus der Sache nach Möglichkeit herauszuhalten. Sie will nicht involviert werden, dafür hat sie viel zu viel Angst vor Verletzungen.

Gute Menschenkenntnis

Wenn die Fische-Frau auch Schwierigkeiten hat, sich selbst zu durchschauen, hat sie doch bei ihren Mitmenschen in der Regel ein gutes Gespür dafür, wo deren wahre Werte liegen – und ob sie überhaupt welche haben. Äußerlichkeiten sind ihr relativ egal, aber das Gefühl muss passen. Deshalb ist die Fische-Frau auch in der Auswahl ihrer Freunde extrem wählerisch. Ihre feinen Antennen sagen ihr ganz schnell, wo sie droht, unter die Räder zu kommen, und wer sie stattdessen auf Händen tragen wird. Seelenverwandtschaft ist ein Begriff, den sie gerne verwendet. Wen sie sich letztendlich einmal ausgeguckt hat, den wird sie verteidigen bis ins Grab, selbst wenn die halbe Welt ihn längst für einen Schwerverbrecher hält. Das gilt für ihre Freunde ebenso wie für ihren Partner – selbst wenn der sie betrügt. Sie wird Verständnis für ihn haben und versuchen, eine Erklärung für sein Verhalten zu finden. Allerdings kann es sein, dass sie ihm das Vergehen mit gleicher Münze heimzahlt, zumal die Fische-Frau ohnehin ein starkes sexuelles Verlangen hat und die Bestätigung ihrer sexuellen Anziehungskraft nötig hat wie ein Fisch sonst nur das Wasser. Ihrem Partner spielt sie, die eine große Schauspielerin ist, inzwischen etwas vor. Und das macht sie so gut, dass sie irgendwann selbst nicht mehr sicher ist, was sie noch glauben soll und was nicht.

Die Fische-Frau lässt sich treiben

Eines der großen Probleme bei der Fische-Frau, neben ihrer vielleicht allzu großen Sensibilität, ist ihre mangelnde Fähigkeit, sich aktiv zu entscheiden. Während andere schon im Kindergarten wissen, welchen Beruf sie einmal ergreifen wollen, flüchtet sich die Fische-Frau in ihre Träume – und macht sich darin die ganze Welt zu eigen, statt konzentriert einen einzigen Weg zu gehen und damit auf den Rest zu verzichten. Zielstrebigkeit und Ehrgeiz sind also gar nicht ihr Ding, vielmehr lässt sie sich treiben, und nicht selten geht es der Fische-Frau wie einem schlechten Skifahrer auf einer buckligen Piste: Das Leben macht mit ihr, was es will, nicht umgekehrt. Und weil das so ist, ist da, wo die Fische-Frau sich aufhält, das Chaos nicht weit.

Soziale Berufe

Als Organisatorin ist sie nicht brauchbar, und so wird sie auch in der Regel nicht in Berufen landen, wo ordnendes Eingreifen von ihr verlangt wird. Die Fische-Frau mit ihrem großen Herzen und ihrer altruistischen Einstellung ist für die sozialen Berufe besonders geeignet und wird sich häufig für einen Beruf als Kindergärtnerin, Krankenschwester oder Ärztin entscheiden. Bei ihrer Fähigkeit zum Hinhören und Zuhören ist sie aber auch eine hervorragende Psychologin, Sozialpädagogin oder Seelsorgerin. Setzt sich das künstlerische Talent in einer Fische-Frau durch, kann sie auch als Musikerin, Regisseurin und Schauspielerin Erfolg haben. Und hinter einer Fotokamera wird sich so manche Fische-Frau besonders wohlfühlen: Sich in aller Ruhe ein Bild von außen auf die Welt machen können, ohne teilnehmen zu müssen, ist wie gemacht für dieses zurückhaltende Wesen, das lieber in den dunklen, ruhigen Tiefen des Wassers schwimmt als an der Oberfläche, mitten im hellen Sonnenlicht.

Der Fische-Mann

Er ist schwer greifbar. Das vor allem. Kaum ein Symbol im Tierkreis passt so perfekt auf die Charaktere, die diesem Zeichen zugeordnet werden, wie das der Fische: Zwei Fische, die nur locker verbunden in entgegengesetzte Richtungen schwimmen, der eine weiß nicht, was der andere tut – oder: Sie können sich nicht einigen, ob es nach Norden oder nach Süden gehen soll. Sie haben keinen Halt, bewegen sich aber elegant. Sie sind ein bisschen glitschig, aber ihr Schuppenkleid schillert im Wasser – das ist der Fisch, wie er leibt und lebt.

Der Fisch erträumt sich seine Welt

So ähnlich wie der echte Fisch im glitzernden nassen Element, das alles für den Betrachter von außen unscharf macht, bewegt sich der Fische-Mann in einer Welt aus Träumen. Dieses Wasserzeichen ist ein echter Romantiker. Er erdenkt sich die Welt so, wie er sie haben möchte – was für ihn weitaus einfacher ist, als sie aktiv zu formen. Durchsetzungsfähigkeit ist für den Fisch nämlich ein Fremdwort. Ellenbogen sind ihm nicht gegeben, dafür ist er zu zart besaitet, und die ausgeprägte Empfindsamkeit und Rücksichtnahme dieses Sternzeichens auf seine Mitmenschen tun ein Übriges, ihm eine aktive Gestaltung seiner Lebensumstände schwer zu machen. Zudem ist der Fisch, ob männlich oder weiblich, ein eher passiver Zeitgenosse. Lieber setzt er sich hin und *wartet*, als dass er die Ärmel aufkrempelt und *tut*. Günstige Horoskopkonstellationen können hier allerdings einen starken Einfluss haben, sodass auch in manchen Bereichen sehr »tätige« Fische-Exemplare vorkommen.

Trügerische Harmonie

Das Zusammenleben mit einem Fische-Mann scheint den Zauber der Harmonie zu haben, aber die Harmonie kann trügen. Dem Fisch geht nämlich eines ab: die Fähigkeit, ehrlich und wahrhaftig zu sein. Zwar erachtet der Fische-Mann Ehrlichkeit als etwas durchaus Erstrebenswertes, er ist ja ein Mensch mit hohem moralischem Anspruch, aber leider keiner, der diesen Ansprüchen immer gerecht werden könnte. Und das Ehrlichsein fällt ihm schwer, besonders sich selbst gegenüber. Der männliche Fisch neigt dazu, sich die Welt zurechtzudenken. Wenn er nicht an sich heranlässt, was ihn stören könnte, dann muss er sich auch nicht damit auseinandersetzen. Lieber lässt er die Dinge laufen, stellt keine Ansprüche und lässt den anderen Vortritt mit ihren Wünschen. Er kann zurückstecken bis zur Selbstverleugnung. Kein Streit, keine Konfrontation – keine Blessuren. Dabei macht er sich diese Vermeidungsstrategie noch nicht einmal bewusst. Es kann nur sein, dass er irgendwann das undeutliche Gefühl hat, dass er sich in einer Beziehung, einer Freundschaft, vielleicht auch in seinem Beruf nicht mehr wohlfühlt. Und dann lässt er sich wegtreiben zu einem anderen Partner, einem anderen Freund, einem anderen Job, dorthin, wo es ihm gerade passt, alles schön ist und keine Konflikte drohen. Streit aushalten, an einer Beziehung arbeiten, das können andere, seine Sache ist das nicht.

Kein besserer Zuhörer als der Fische-Mann

Nun muss man für den Fisch an dieser Stelle aber doch eine Lanze brechen, er hat natürlich auch seine guten Seiten. So ist er ein durch und durch freundlicher und friedliebender Geselle, der keiner Fliege etwas zuleide tun will. Seine Fähigkeit, noch die feinsten Gefühlsschwingungen wahrzunehmen, macht ihn zu einem Zuhörer der seinesgleichen sucht – wenn Herr

Fisch gerade in Stimmung ist. Es kann aber auch sein, dass er zwar seinem Gesprächspartner nicht dazwischenredet, aber vor sich hin träumt und gar nicht recht bei der Sache ist. Als Psychologe aber ist der Fisch ein Ass – weil, wenn er muss, dann kann er auch, und dann gibt es keinen, bei dem ein ausgeschüttetes Herz besser aufgehoben ist. Ein gewisses Maß an Zwang ist für den männlichen Fisch gar nicht so schlecht, bietet ihm das doch die Konsequenz, die ihm selbst allzu oft in seinem Handeln fehlt. Wollen würde er ja, aber manchmal kann er einfach nicht oder weiß gerade nicht, in welche Richtung er soll, und überhaupt, draußen vor dem Fenster ist gerade der Sonnenuntergang so schön …

Romantische Seele

Der Fische-Mann ist ein ausgesprochener Romantiker. Er erobert nicht. Wenn schon, dann betört er die Frau seines Herzens mit zarter Poesie. Ist der Fische-Mann einmal in einer Beziehung angekom-

men, kann er sich hingeben bis zur totalen Selbstaufgabe. Er hat aber auch eine andere, ein kühle und distanzierte Seite. So wie im Symbol seines Sternzeichens die beiden Fische in verschiedene Richtungen schwimmen, weiß man beim Fische-Mann nie so recht, wohin sein Pendel ausschlagen wird. Zunächst einmal wird er sich spröde und vorsichtig geben, und allzu leicht fühlt er sich zurückgestoßen, wenn sein Partner in der Beziehung mal schlecht gelaunt und mürrisch ist. Der Fische-Mann bezieht alles auf sich selbst.

Unsichere Freundschaft

Ähnliches gilt für die Freundschaft mit ihm. Wo Widerstände auf ihn warten, wird er sich zurückziehen; wenn es sein muss, kann er ja auch ohne diesen oder jenen Freund leben. Wie in allem anderen kann der Fisch auch in dieser Hinsicht sehr genügsam sein. Nicht, dass er gute Freunde nicht zu schätzen wüsste. Tatsächlich genießt er sie, wenn er sie hat, und in der Rolle des Verstehers kann der Fische-Mann aufgehen wie kein anderer. Von ihm aber zu verlangen, dass er um eine Freundschaft buhlt oder auch nur den Mund aufmacht, um zu sagen, wenn ihn etwas stört – Fehlanzeige.

Maler, Psychologen – aber keine Chefs

Den männlichen Fisch wird man nur in Ausnahmefällen in Führungspositionen wiederfinden, und wenn es das Leben nicht gut mit ihm meint, ergattert er in seiner Labilität überhaupt keinen Arbeitsplatz. Dabei haben viele Fische-Männer ausgehend von ihrem Empfindungsreichtum eine große künstlerische Begabung. Malerei, Fotografie – die bildenden Künste – sind ihre Domäne. Die Mehrzahl von ihnen aber wird man in sozialen oder pflegerischen Berufen finden. Sie sind glänzende Psychologen. Interessanterweise haben gerade Fische, zu deren ausgeprägtesten Wesensmerkmalen die Intuition zählt und die eher im Chaos als in der Ordnung zu Hause sind, oft einen Hang zur Mathematik. Auch Bauingenieure, Mathematiklehrer, Feinmechaniker sind also nicht selten im Sternbild der Fische geboren.

Berühmte Menschen dieses Sternzeichens

Enrico Caruso

Am 25. Februar 1873 in Neapel als Sohn einer kinderreichen Familie geboren, gilt er als der größte Tenor, den die Opernwelt je gesehen hat. Mitte 20 stand er schon auf den großen Bühnen und hob sich durch seine warme und dunkle Tenorstimme von seinen Kollegen ab. Neben seinen Opernaufnahmen gelangten auch von ihm gesungene Volkslieder zu Weltruhm, darunter *O sole mio* von Eduardo di Capua. Caruso, der 18 Spielzeiten an der Metropolitan Opera in New York sang, starb im August 1921 in seiner Geburtsstadt.

Gabriel García Márquez

Der kolumbianische Schriftsteller und Journalist kam am 6. März 1927 in Aracataca, einer Kleinstadt nahe der Karibikküste, zur Welt. Auf den Wunsch seiner Eltern hin studierte er Jura in Bogotá, brach das Studium aber ab und widmete sich dem Schreiben. Sein politisches Engagement zeigt er auch in seinen Büchern. Sein in

Deutschland berühmtestes Buch *Hundert Jahre Einsamkeit* verkaufte sich über 30 Millionen Mal.

Frédéric Chopin

Der französisch-polnische Komponist wurde am 22. Februar 1810 bei Warschau geboren. Er erregte mit seinem ungewöhnlichen Kompositionsstil und seiner besonders weichen Anschlagtechnik schon früh auch über Polen hinaus Aufsehen. Der Musiker, der schon mit 39 Jahren in Paris starb, hinterließ vor allem Werke für Klavier. Er war der berühmteste Komponist der Romantik.

Michail Gorbatschow

Als Sohn russischer Bauern am 2. März 1931 geboren, war er sechs Jahre Generalsekretär des ZK der Kommunistischen Partei der Sowjetunion und von März 1990 bis Dezember 1991 Präsident der UdSSR, zeichnete aber mit seiner Politik der Öffnung und Demokratisierung mitverantwortlich für das Ende des Kalten Kriegs. Er wurde mit dem Friedensnobelpreis, der Otto-Hahn-Friedensmedaille und dem Augsburger Friedenspreis ausgezeichnet.

Die Bedeutung des Aszendenten

Das Wort stammt aus dem Lateinischen und geht auf das Verb *ascendere* (»aufsteigen«) zurück. Damit beschreibt der Aszendent (AC) das Tierkreiszeichen, das zum Zeitpunkt und am Ort der Geburt am östlichen Horizont aufsteigt. Der Aszendent gehört zu den wichtigsten Horoskopfaktoren und geht in jede astrologische Deutung mit Qualität ein.

Da sich die Erde pro Tag einmal um ihre eigene Achse dreht, steigt bei zwölf Tierkreiszeichen im Durchschnitt alle zwei Stunden am östlichen Horizont ein neues Tierkreiszeichen auf. Dieser schnelle Wechsel ist einer von mehreren Gründen, warum für eine qualitative astrologische Deutung ein präzise berechnetes Horoskop mit genauer Angabe von Geburtszeit und Geburtsort so wichtig ist. Infolge des raschen Wechsels des Aszendenten haben zwei Menschen, selbst wenn sie am selben Ort und Tag geboren sind, nur in den seltensten Fällen das gleiche Horoskop.

Das Tierkreiszeichen am Aszendenten, das vom für uns Menschen unsichtbaren Bereich über den östlichen Horizont in den sichtbaren Bereich tritt, entspricht den Eigenschaften des Menschen, die wir in den ersten Minuten des Kennenlernens feststellen. Der Aszendent beschreibt in der astrologischen Symbolsprache damit das sichtbare Verhalten des Menschen. All das hingegen, was er denkt oder fühlt, sich erhofft und wünscht, zeigt sich nicht im Aszendenten. Demnach entspricht er der Art und Weise, wie wir uns verhalten. Er ist die »Maske« unserer Persönlichkeitsstruktur. Einerseits ist diese Maske verborgen, denn auch wir selbst sind uns nicht immer bewusst, was wir zeigen, zum anderen ist sie doch äußerlich. Dem Aszendenten werden in Sternzeichen unterschiedliche Einflüsse auf die Lebensziele der Menschen zugeordnet. Der Aszendent im Zeichen des Widders bringt Mut, der Stier dagegen Gelassenheit, die Zwillinge Offenheit, der Krebs steht für Geborgenheit, der Löwe für einen starken Willen, die Jungfrau für Sachlichkeit, die Waage für Altruismus, der Skorpion für Tiefe, der Schütze bringt den Glauben an das Gute, der Steinbock symbolisiert Struktur, der Wassermann Teamgeist und die Fische stehen für Mitgefühl.

Berechnung des Aszendenten für das Sternzeichen Fische

Diese Tabelle gilt für Mitteleuropa. Der genaue Aszendent ist auch von dem Geburtsort abhängig, deshalb gilt diese Tabelle oft nicht ganz exakt. Sollte es in Ihrem Geburtsjahr die Sommerzeit gegeben haben, so ist 1 Stunde abzuziehen.

FISCHE 20.02. – 20.03.

Geburtstag	20.02. – 29.02.	01.03. – 10.03.	11.03. – 20.03.
Aszendent	**Geburtszeit**	**Geburtszeit**	**Geburtszeit**
Widder	08.30 – 09.30	08.15 – 09.15	07.30 – 08.30
Stier	09.30 – 10.45	09.15 – 10.30	08.30 – 09.45
Zwillinge	10.45 – 12.30	10.30 – 12.15	09.45 – 11.30
Krebs	12.30 – 15.00	12.15 – 14.45	11.30 – 14.00
Löwe	15.00 – 17.45	14.45 – 17.30	14.00 – 16.45
Jungfrau	17.45 – 20.30	17.30 – 20.15	16.45 – 19.30
Waage	20.30 – 23.15	20.15 – 23.00	19.30 – 22.15
Skorpion	23.15 – 02.00	23.00 – 01.45	22.15 – 01.00
Schütze	02.00 – 04.30	01.45 – 04.15	01.00 – 03.30
Steinbock	04.30 – 06.15	04.15 – 06.00	03.30 – 05.15
Wassermann	06.15 – 07.30	06.00 – 07.15	05.15 – 06.30
Fische	07.30 – 08.30	07.15 – 08.15	06.30 – 07.30

Die Fische mit ihren Aszendenten

Aszendent Widder

Der sanfte Fisch wird selbstbewusst – zumindest ein bisschen und vor allem äußerlich. Wo das Feuerzeichen Widder seinen Einfluss geltend macht, regieren in der Regel Tatkraft und ein stürmischer Wille. Der trifft hier allerdings auf den passiv gepolten Fisch, was innere Zwistigkeiten unvermeidbar macht. Die Sensibilität des Fisches wird auf eine harte Probe gestellt, wenn der Widder in ihm wieder mal ohne Rücksicht seinen Kopf durchgesetzt hat, er aber in seinem Innern vor Scham zerfließt.

Aszendent Stier

Güte, Großzügigkeit und Sinnlichkeit zeichnen diese Sternzeichenkombination aus. Das Wasserzeichen Fisch und das Erdzeichen Stier verbinden sich problemlos. Wo der Fisch zu träumerisch ist, kommt der Stier mit seiner Sachlichkeit gerade recht. Dieser Fisch wirkt geerdet, ist aber dennoch stark von Gefühlen beherrscht und nicht besonders widerstandsfähig, wenn es für ihn mal nicht so gut läuft. Bedächtigkeit und Passivität können sich zu ausgeprägter Gemütlichkeit ergänzen. Eine künstlerische Begabung ist nicht selten.

Aszendent Zwillinge

Wo der Zwillingsaszendent mit seinen Einfällen, seiner raschen Rede und seiner Leichtlebigkeit auf die Sensibilität und Gefühlsintensität des Fisches trifft, kann es vor Lebendigkeit nur so sprühen, die Menschenliebe des Fisches kann in der Tätigkeit des großzügigen Zwillingsgeistes ihr Ventil finden. Es kann aber auch sein, dass der Fisch in seiner Passivität mit der Schnelligkeit und den Einfällen des Zwillingsverstandes nicht recht mithalten kann. Innere Unruhe und Zerrissenheit können die Folge sein.

Aszendent Krebs

Fische und Krebs sind Wasserzeichen, sie passen zusammen, was Temperament und Gefühlsreichtum angeht. Kaum eine Verbindung wird mitfühlender und fürsorglicher sein. Kaum eine aber auch verletzlicher, schon ein lautes Wort jagt sie in ihr Schneckenhaus. Wo Sensibilität, Zartheit und Träumerei so stark ausgeprägt sind, wird es schwer, mit zielsicherem Gang durchs Leben zu gehen. Entscheidungen werden für diesen Fisch am besten andere treffen, wenn sie denn nötig sind. Dafür überlasse man ihm die Musik, die Kunst, die Kreativität.

Aszendent Löwe

Eine Mixtur, mit der es sich nicht leicht leben lässt. Der Löweaszendent, das auftrumpfende Feuerzeichen, trifft auf den zurückhaltenden und genügsamen Fisch. Da sind innere Kämpfe vorprogrammiert, und sie werden mal so, mal so ausgehen. Einmal wird der Löwe mit seinem Geltungsdrang und seinem Wunsch nach großzügigem Luxus die Oberhand behalten – wenn sich auch seine Strahlkraft durchsetzt, kann dieser Fisch große Momente haben. Ein andermal wird er ganz typisch auf Rückzug in die Innerlichkeit schalten.

Aszendent Jungfrau

Das ist ein bisschen wie bei jenem Bild vom Haus, das auf Sand gebaut wird. Die Jungfrau mit ihrem Pflichtbewusstsein aus Überzeugung, ihrem Arbeitseifer und ihrer Organisiertheit ist das Haus, der unentschlossene, weiche und romantische Fisch ist der Sand, der das Fundament bilden soll. Das kann nicht gut gehen. Hier werden zwei gegensätzliche Prinzipien unaufhörlich gegeneinander kämpfen. Eine sinnvolle Aufgabe, in der der Fisch aufgehen und für die die Jungfrau arbeiten kann, könnte den Halt bieten, den diese Mischung braucht.

Aszendent Waage

Ja, das künstlerische Moment ist in dieser Tierkreiszeichenkombination sehr ausgeprägt. Sowohl das Wasserzeichen Fisch als auch das Luftzeichen Waage bringen künstlerische Begabung ein. Außerdem dürfte sie wohl eine der freundlichsten, liebenswürdigsten Mischungen überhaupt sein. Das intuitive Feingefühl der Fische geht eine selten warmherzige Verbindung mit der waagetypischen Friedlichkeit ein. Die Sympathien, die dieser Fisch damit gewinnt, dürften ihm mehr nützen als so manch anderem seine Ellenbogen – das ist auch gut so. Denn die hat er definitiv nicht.

Aszendent Skorpion

Kaum jemand wird je wirklich ans Tageslicht bringen, was sich in den Tiefen der Gefühlswelt dieser Mischung verbirgt. Die Intuition und Sensibilität des Fisches geht mit der Leidenschaftlichkeit des Skorpions leicht und gerne eine intensive Verbindung ein. Beide sind Wasserzeichen, beide vertrauen weitaus mehr auf ihren Bauch als auf ihren Verstand. Ein wenig misstrauisch und sehr verletzlich ist die Fische-Skorpion-Mixtur. Bei der Auswahl ihrer Freunde ist sie höchst vorsichtig.

Aszendent Schütze

Der Fisch mit Aszendent Schütze lebt ein bisschen neben der Spur. Er sucht nach dem Sinn des Lebens und scheint irgendwie nie wirklich fündig zu werden. Dafür ist der Fisch viel zu wenig engagiert. Dieser innere Zwist ist allerdings mit einer gewissen Ruhelosigkeit verbunden. Immerhin paaren sich der Optimismus des Feuerzeichens Schütze mit der Feinfühligkeit des Fisches zu einem aufgeschlossenen Zuhörer und hilfsbereiten Freund. Geistige Interessen werden hier stärker bewertet, als es sonst beim Fisch der Fall ist.

Aszendent Steinbock

Ein Fisch mit Selbstbewusstsein. Der Steinbock schafft es, den saumseligen Fisch an die Kandare zu nehmen und ihm ein wenig Erdung zu verschaffen. Er wird strebsamer und zielstrebiger sein, als es sonst beim Fisch üblich ist. Ehrgeiz verbindet sich mit der Intuition und der Feinfühligkeit des Fisches zu einem pflichtbewussten Menschen, der gerne und bescheiden auf seine Ziele hinarbeitet. Dieser Fisch kommt immer wieder auf die Beine. Ein zuverlässiger Freund und treuer Begleiter.

Aszendent Wassermann

Ein seltsamer Kauz. Das Denken dieses Fisches ist eher ein Ahnen und Wünschen, die Tiefgründigkeit des Wasserzeichens Fisch kombiniert sich mit der Sonderlichkeit des Wassermanns, seinem Streben nach Erkenntnis und seinem Interesse für universelle Zusammenhänge zu einem sehr eigenwilligen und für Außenstehende oft absolut unverständlichen Wesen. Die Beweggründe, die hier zu – seltenen – Entscheidungen führen, haben nichts mit Logik und Rationalität zu tun. Eher schon mit scheinbar übersinnlichen Einflüsterungen, so scheint es. Die profanen Dinge des Alltags fallen da schon mal hinten runter.

Aszendent Fische

Neptun regiert hier mit unangefochtener Macht. Dieser Fisch vereint alle Fischeeigenschaften in doppelter Stärke in sich. Er löst sich auf im Mitgefühl, seine Hingabe an geliebte Menschen ist unendlich und seine Abhängigkeit damit auch. Innere Emigration, Rückzug ins Ich und in die eigenen vier Wände werden das Leben dieses Fisches bestimmen. Menschenaufläufe sind nicht sein Ding, aber er ist der aufopferungsvollste Freund, den man sich vorstellen kann.

Steine, Farben, Metalle, Tiere, Pflanzen, Düfte

Was passt zum Wesensbild des Fischs? Welche Materialien lassen ihn sich wohlfühlen, welche Steine bevorzugt sein Charakter, mit welchen Metallen identifiziert er sich, und was sind die Farben, die er liebt? Und schließlich: Welchen Lebewesen, welchen Tieren und Pflanzen, fühlt er sich verbunden, und welche Düfte beflügeln seine Fantasie?

Amethyst
Aquamarin
Chalcedon
Fluorit
(Rosa) Koralle
Malachit
Mondstein
Perle
Türkis

Zinn

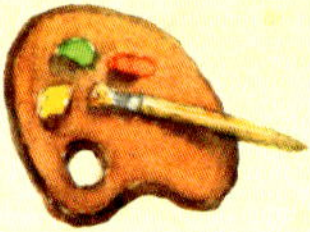

Blau
Grau
Grün
Helllila
Purpurrot
Rosa

Algenarten
Hibiskus
Jasmin
Kamelie
Mohn
Schwertlilie
Weide

Delfin
Einzeller
Elefant
Fischreiher
Flunder
Haubentaucher
Hund
Muschel
Paradiesfisch
Plankton
Qualle
Seezunge
Wasserläufer
Weichtiere
Wasservögel

Glyzinie
Weihrauch

Mythen und Legenden

Die Geschichte des Sternbilds Fische reicht bis ins 2. Jahrtausend vor Christus zurück, ins babylonische Reich Hammurabis. So stammt wohl die Legende um die Fischwerdung der römischen Göttin Venus beziehungsweise der griechischen Aphrodite und ihres Sohnes aus altbabylonischer Zeit.

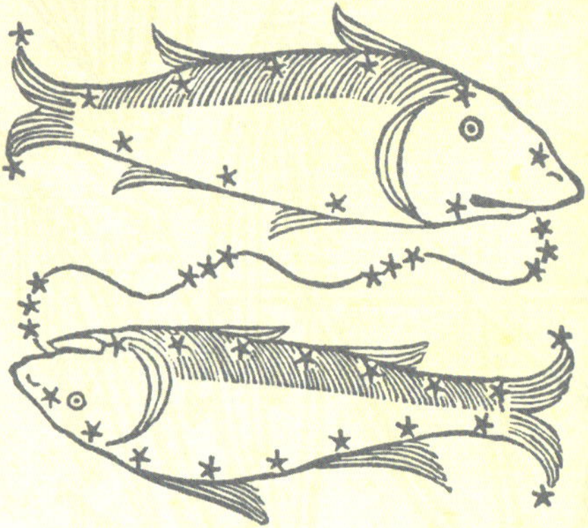

Venus und Cupido – oder Aphrodite und Eros

Der Ursprung des Sternbildes Fische liegt – der griechischen Sage nach – in jenem viel beschworenen Zusammenzutreffen der Götter mit dem wohl gruseligsten Untier der Antike, dem Fischungeheuer Typhon.

Die beiden Fischsterne sollen auf die Liebesgöttin Aphrodite und ihren Sohn Eros zurückweisen. Vor dem Ungeheuer Typhon, einem Sohn der Mutter Erde, Gaya, und dem Tartaros, der Unterwelt, versteckten sich Aphrodite und der neugeborene Eros zunächst im Gebüsch. Die Angst ist verständlich, wird doch Typhon als ein Wesen beschrieben, das hundert Drachenköpfe und unzählige, sich windende Schlangen als Beine hatte. Dem Typhon schrieb man auch die Schuld für besonders starke Stürme zu.

Weil Aphrodite – bei den Römern Venus genannt – es aber vor Angst um sich und ihren Sohn (lateinisch: Cupido) im Gebüsch nicht länger aushielt, rief sie die Wassernymphen zu Hilfe. Auf zwei Fischen brachten diese die Göttin nebst Nachwuchs in Sicherheit. In einer anderen Überlieferung wurden die beiden Göttlichen selbst in Fische verwandelt und später in Form des Sternbilds vom Göttervater Zeus an den Himmel gesetzt.

Neptun

Der Planet Neptun, dem man die Herrschaft über das Sternbild Fische zuschreibt, ist benannt nach dem römischen Gott des Meeres und gleichzusetzen mit dem griechischen Poseidon, dargestellt mit einem Dreizack und einem rauschenden Bart. Neptun galt zunächst als Gott des fließenden Wassers, als Poseidon war er auch verantwortlich für Erdbeben. Jupiter (oder Zeus) und Pluto (oder Hades) sind seine Brüder. Neptun wohnte in den Tiefen des Meeres. Der Legende nach losten die drei göttlichen Brüder darum, wer welchen Teil der Welt beherrschen sollte, und am Ende

bekam Zeus den Himmel, Hades die Unterwelt und Poseidon eben die Gewässer zugeteilt.

Neptun wurde meist mit einem Delfin oder einem Pferd dargestellt. Auf manchen Bildern sitzt er in einer goldenen Muschelschale, die von Pferden gezogen wird. Im alten Rom wurde er auch als Gott der Rennbahnen verehrt – zumal die Römer, schlechtere Seefahrer als die Griechen, sich nicht so sehr viel aus dem Meer machten.

Im Kampf um Troja hatte sich Poseidon mit Athene verbündet, die, beleidigt, weil der trojanische Held Paris sie geschmäht hatte, die Griechen gegen Troja unterstützte. Poseidon hatte mit den Herrschern Trojas ohnehin noch ein Hühnchen zu rupfen: König Lamedon nämlich hatte ihn um den Lohn für seine Hilfe beim Bau der Stadtmauern gebracht. Das konnte der Bärtige nicht auf sich sitzen lassen.

Nicht zuletzt ist Poseidon-Neptun auch mitverantwortlich dafür, dass der Held Odysseus gar so lange nach Hause brauchte. Er hatte immerhin ein Pferd, Poseidons Lieblingstier, für seine List gegen Troja missbraucht und dann auch noch den Sohn des Meeresgottes, den Riesen Polyphem, geblendet. Auf eine ruhige See konnte Odysseus also gar nicht rechnen.

Die Fische und die Liebe

Fische-Frau

Sie ist ganz Frau. Ein Mann muss sie erfunden haben, denn sie vereint all die Eigenschaften in sich, die ihn zum Schmelzen bringen.

Er wird in ihr eine Partnerin finden, die ihn mit aller Liebe und Hingabe zu verwöhnen weiß, die er sich nur vorstellen kann. Eine Fische-Frau, die liebt und sich geliebt fühlt, wird alles tun, um diese Liebe nicht nur zu erhalten, sondern auch, um ihrem Liebsten den sprichwörtlichen Himmel auf Erden zu bereiten.

Allerdings muss er schon ihren Vorstellungen entsprechen – was schwierig ist, denn eigentlich träumt sie von einem Märchenprinzen – sonst zieht sie sich ganz schnell zurück und ist dann auch Versuchungen von außen nicht abgeneigt. Die Fische-Frau sucht in der Beziehung eine starke Schulter, sie will geführt werden, dann fühlt sie sich wohl und kann sich ganz und gar in ihren Träumereien verlieren.

Fische-Mann

Oh, là, là! Diesen Liebhaber zu vergessen, ist nicht einfach. Zumindest für diejenige, die es einfühlsam, zärtlich und fantasievoll mag. Den männlichen Haudegen wird Frau im Fische-Mann eher nicht finden. Er kultiviert viel lieber seine etwas geheimnisvolle Seite, seine Neigung zu Einzelgängertum und Träumerei.

Er wird sich irgendwo in seinen Träumen und Gedanken verlieren, damit muss seine Partnerin leben können. Wenn sie Glück hat, bleibt ihr der Fische-Mann wenigstens körperlich treu ...

Natürlich aber wird der Fische-Mann auch in einer Liebesbeziehung nicht seine Grundstärken vergessen: Menschenliebe und Verständnis. Er wird seiner Partnerin immer ansehen, wenn sie ein Schmerz plagt, und dann ein aufmerksamer Zuhörer sein.

Die Fische und ihre Beziehungspartner

Beziehungspartner Widder

Fische-Frau und Widder-Mann

Diese Beziehung hat durchaus Zukunft. Die zarte, weibliche Fische-Frau weckt die Beschützerinstinkte des starken Widders. Er wird mit Schwung versuchen, sie zu erobern, und sie wird spüren, dass ihr hier genau die starke Schulter geboten wird, die sie sucht. Aber auch hier gilt: Der Widder-Mann sollte vorsichtig sein! Gar zu viel Impulsivität mag sie nicht, ihre Haut ist dünn, und leicht zieht sie sich in ihr Schneckenhaus zurück – und dann fällt es ihr schwer, sich wieder zu öffnen.

Fische-Mann und Widder-Frau

Sie sind sehr gegensätzlich, hier treffen Feuer und Wasser aufeinander, aber sie können zusammenfinden. Dafür muss sich die Widderdame mit ihren oft etwas polternden Bemerkungen allerdings zurücknehmen und der Fische-Mann an seiner allzu großen Empfindlichkeit arbeiten und nicht ständig beleidigt sein. Weil sie aber selbstständig ist und mit sicherem Schritt durchs Leben geht, ergänzt sie den träumerischen Fisch ganz gut. Sie wird seine fantasievolle Liebe zu schätzen wissen.

Beziehungspartner Stier

Fische-Frau und Stier-Mann

Sie ist romantisch, er ist sinnlich. Da fliegen die Funken schon beim ersten Date. Wenn Herr Stier dann mit seiner Werbung Erfolg gehabt hat – Frau Fisch wird niemals den ersten Schritt tun –, wird er genau das Korrektiv sein, das die etwas unrealistische, entscheidungsschwache und manchmal abgehobene Fische-Frau braucht. Solange er ihr die Träumerei nicht ausreden will und sie versteht, dass er eben mit beiden Beinen fest auf der Erde steht, kann diese Beziehung gefühlstief und hundertprozentig harmonisch sein.

Fische-Mann und Stier-Frau

Hier treffen starke Gefühle aufeinander. Der Fische-Mann will seiner Partnerin ebenso vertrauen können, wie es umgekehrt der Fall ist. Die körperliche Anziehungskraft zwischen der Venusbestimmten Stierdame und dem Neptun-Zeichen Fisch stimmt ebenfalls, einer leidenschaftlichen Beziehung steht nichts im Wege. Eine Prise Eifersucht der Stier-Frau, die sich immer wieder wundert, dass ihr Liebster zu allen Menschen gar so freundlich ist, kann da nur befruchten.

Beziehungspartner Zwilling

Fische-Frau und Zwilling-Mann

Wenn sich eine Fische-Frau überhaupt auf einen männlichen Zwilling einlässt, wird sie vermutlich nach kürzester Zeit schon wieder das Weite suchen. Wenn er nicht vorher weg ist. Kaum ein Sternzeichen ist sensibler als der Fisch, und das lässt beim Zwilling-Mann ganz schnell die Alarmglocken schrillen. Er weiß ihre Einfühlsamkeit und die Fähigkeit, sich auf andere einzulassen, nicht zu schätzen, und sie wird in so einer Beziehung alles andere als glücklich werden.

Fische-Mann und Zwilling-Frau

Sie will raus, er nicht. Er ist romantisch, sie nicht. Sie sucht eine starke Schulter. Die hat er nicht. So kann aus anfänglicher Zuneigung schnell eine unglückliche Beziehung werden. Dabei könnten sich die beiden ergänzen wie zwei Seiten einer Medaille. Der männliche Fisch bringt so viel Gefühl mit, dass es für beide reichen sollte. Eine Dimension, die die Zwilling-Frau aber mit ihrem analytischen Verstand nicht wirklich ausloten kann. Wenn die beiden Zeichen zueinanderfinden wollen, setzt das hohe Bereitschaft bei beiden voraus.

Beziehungspartner Krebs

Fische-Frau und Krebs-Mann

Für diese Kombination gilt: gesucht und gefunden. Endlich, so werden sie beide denken, jemand, der mich versteht. Die Zeit, die sie miteinander im Schlafzimmer verbringen – und es wird viel Zeit sein –, wird mit Zärtlichkeiten ausgefüllt werden. Hier will keiner dominieren, streiten werden sie sich eher darum, wer dem jeweils anderen den Vortritt überlassen darf.

Fische-Mann und Krebs-Frau

Er verschenkt sich und sie nimmt das Geschenk an. Mit gefühllosen Typen kann die zart besaitete Krebs-Frau ohnehin nichts anfangen, also kommt ihr der sensible Fisch gerade recht. Hier wird Friede herrschen, einer wird dem anderen die Wünsche von den Augen ablesen. Die Krebs-Frau kann ihrer Mütterlichkeit freien Lauf lassen, denn er wird das annehmen und genießen. Nur in der Bewältigung ihres Alltags könnten die beiden Schwierigkeiten bekommen, denn rationale Entscheidungen liegen ihnen nicht. Hier wird vielleicht sogar der Fische-Mann ausnahmsweise die Führung übernehmen müssen.

Beziehungspartner Löwe

Fische-Frau und Löwe-Mann

Sie wird sich von ihm betören lassen. Das kann er schließlich: flirten, umgarnen und verzaubern. Dann aber könnte es schwierig werden.

Der Löwe-Mann wird zwar die verletzliche Art der Fischedame lieben, schließlich schmückt er sich gerne auch mit einer attraktiven Frau. Aber nach dem Prinzip »Wasser löscht Feuer« wird er ihre Träumerei und das Sich-Abkapseln als zu »fischig« empfinden. Er wird sich zu wenig beachtet und sie sich ständig missverstanden fühlen.

Fische-Mann und Löwe-Frau

Vermutlich wird die starke Löwin den weichen Fisch dominieren. Was ihm am Anfang reizvoll vorkommt, die warme, stolze und großzügige Ausstrahlung der Löwe-Frau, kann sich auf Dauer als für den Fische-Mann zu stark herauskristallisieren. Vor allem, da die temperamentvolle Dame mehr dem Hier und Jetzt, dem Erschaffen und Tun in der Realität zuneigt, sich selbst und das Erreichte auch gerne mit Stolz zur Schau stellt. Das ist für ihn ein wenig zu viel Öffentlichkeit. Aber wenn sie ihn dabei aus dem Spiel lässt, kann es funktionieren.

Beziehungspartner Jungfrau

Fische-Frau und Jungfrau-Mann

Auch hier stehen die Zeichen nicht auf Dauerhaftigkeit. »Was will er eigentlich?«, wird sie sich fragen. Denn natürlich wird sie sich in ihrer Sehnsucht nach Ruhe und Frieden bemühen, seinen Ansprüchen an Funktion und Ordentlichkeit zu entsprechen. Aber es wird ihr einfach nicht gelingen. Die Maßstäbe, die die männliche Jungfrau anlegt, wird die Fische-Frau niemals so verinnerlichen können, dass sie damit auf eine gemeinsame Linie kämen. Umgekehrt wird er ihr nicht in ihre Traumwelten folgen können – und wollen. Hier fehlt jegliche Basis.

Fische-Mann und Jungfrau-Frau

Die Beziehung hat selten Zukunft. Da muss die Liebe schon sehr groß sein und andere Horoskopzeichen als die beiden genannten eine vermittelnde Rolle spielen können. Wenn der Fische-Mann mit seiner Träumerei und seinem unsteten Agieren nicht von vorneherein der sachlichen Jungfrau ein zu unverlässlicher Partner ist, werden ihm vermutlich ihre Versuche, ihn zu einer etwas vernünftigeren Lebensweise zu bringen, auf die Nerven gehen.

Beziehungspartner Waage

Fische-Frau und Waage-Mann

Diese beiden erinnern an zwei nicht verankerte Bojen, die, lose miteinander verknüpft, im Wasser treiben, ohne je irgendwo anzukommen. Er kann sich für nichts entscheiden und sie will nichts durchsetzen. Wo soll das enden? Noch dazu ist die Fischedame dem Waage-Mann zu gefühlsduselig. Nicht, dass er sie nicht mögen würde – sie ist ein feiner Mensch, der seinem friedliebenden Charakter entgegenkommt –, aber er wird nicht verstehen, warum sie heute gut drauf ist und morgen an der Welt verzweifelt. Ein sehr kompliziertes Verhältnis.

Fische-Mann und Waage-Frau

Ehrlichkeit wäre hier Gold wert. Zu leicht kann es passieren, dass der Fische-Mann sich nicht verstanden fühlt, weil sie zwar ein liebenswürdiges Wesen ist, aber nicht die tiefenpsychologischen Fähigkeiten mitbringt, die sie für ihn bräuchte. Ausreichend intuitives Know-how jedenfalls ist von der weiblichen Waage nicht zu erwarten. Er müsste klar sagen, was Sache ist, aber das ist nicht sein Ding, und so ist die Liebesbeziehung zum Scheitern verurteilt.

Beziehungspartner Skorpion

Fische-Frau und Skorpion-Mann

Der Skorpion bringt nicht nur leidenschaftliches und besitzergreifendes Empfinden mit in eine Beziehung, sondern auch eine große Stärke und Überzeugung. Und das ist genau, was Fische-Frau braucht. Hier findet sie ihren Anker, der ihrem ziellosen Umhertreiben endlich ein Ende macht. Er hält sie so fest, dass sie auf jegliches Klammern ihrerseits verzichten kann. Das wird ihr Sicherheit und den Raum zum Aufblühen geben. Sie wird ihm eine wunderbare Partnerin sein, die unendlich viel Liebe geben kann. Kaum eine Beziehung, die mehr gegenseitige Ergänzung verspricht.

Fische-Mann und Skorpion-Frau

Beide sind Wasserzeichen, beide gründen tief mit ihren Gefühlen, und so werden sie sich prächtig ergänzen. Die tiefe Leidenschaftlichkeit der Skorpion-Frau harmoniert glänzend mit seinen sehnsuchtsvollen Träumen. Sie ist die Frau, die ihm in seinen Wunschvorstellungen begegnet ist, und ihre Neigung zum Festhalten wird er als eine Art Liebeserklärung auffassen. Zumal sie ihn versteht – mit dem Gefühl, nicht mit dem Verstand.

Beziehungspartner Schütze

Fische-Frau und Schütze-Mann

Falls sich Frau Fisch und Herr Schütze überhaupt finden und er sich auf die so weich und hilfsbedürftig Scheinende überhaupt einlässt, wird sie entweder klammern oder immer mehr ihren eigenen Träumen nachhängen. Im ersten Fall macht ihn das krank, denn der Schütze liebt die Freiheit, im zweiten Fall kann die anfängliche Liebe ganz schnell verblassen, weil sie sich auseinanderleben. Im Idealfall springt ein Funke Lebenslust von dem beweglichen Schützen auf sie über.

Fische-Mann und Schütze-Frau

Die Frage ist, ob zwischen diesen beiden genug entstehen kann, was sie zusammenhält. Während die Schütze-Frau in die Weite der Welt hinausstrebt, gedanklich offen für Erfahrungen und geistige Erkenntnisse ist, strebt der Fisch nach einem Heim, das ihm als Ausgangspunkt für seine Art von Abenteuer dient: die Reise in seine Träume. Ihr Streben in die weite Welt wird er möglicherweise als Affront betrachten, ihrem Optimismus nicht folgen können und ihrem Idealismus mit hilflosem Sarkasmus begegnen.

Beziehungspartner Steinbock

Fische-Frau und Steinbock-Mann

Die Fische-Frau kann mit ihrer starken Gefühlsbetonung eine Befruchtung für den männlichen Steinbock sein, der in seiner ernsthaften Arbeitsethik dem Weiterkommen und der Sachlichkeit frönt. So wie das Wasser die Erde aufweicht, so kann auch ihr Einfluss den Ehrgeizling weicher machen, ihm Dimensionen des Lebens erschließen, die er nicht kannte. Auf der anderen Seite aber kann sie in all ihrer Freundlichkeit auch untergehen in der Beziehung zum männlichen Steinbock, weil sie es ihm leicht macht, das Ruder in die Hand zu nehmen und es nicht mehr herzugeben.

Fische-Mann und Steinbock-Frau

Er wird sie bewundern, sie sich bewundern lassen, und daraus könnte eine Affäre und schließlich eine Beziehung werden. Weil die Steinbock-Frau allerdings gerne die Zügel in der Hand hält, kann es passieren, dass der Fische-Mann in dieser Beziehung zu kurz kommt. Und bevor seine Gefühle verkümmern, sucht er sich die Befriedigung lieber woanders. Wenn sie ihm da aber daraufkommt, ist die Beziehung gelaufen. Das wird sie ihm nie verzeihen.

Beziehungspartner Wassermann

Fische-Frau und Wassermann-Mann

Wasser und Luft, könnte man verkürzt sagen, werden sich nicht miteinander vereinen. Der Wassermann trägt das Wasser nur im Namen, für die Fische-Frau aber ist es das Element, das ihr Leben spendet. Sie zieht sich zurück in die Untiefen ihres Gefühlslebens, den Wassermann aber zieht es hinaus in die menschliche Gesellschaft. Und schon im Lebenstempo werden die beiden nicht zueinanderpassen. Wenn er längst aus dem Haus ist, steht sie gerade erst auf.

Fische-Mann und Wassermann-Frau

Das Prinzip Verstand und die Vormacht des Gefühls haben sich selten viel zu sagen – »dabei spricht sie doch den ganzen Tag«, denkt sich der Fisch und schweigt. »Warum sagt er nichts?«, grübelt Frau Wassermann und überschüttet ihn gleich darauf schon wieder mit einem analysierenden Redeschwall. Diese beiden werden aneinander vorbei kommunizieren. Sie will Probleme beiseiteschaffen, »dann mach doch einfach«, fordert sie ihn auf. Er aber wird sie nur mit großen Augen anschauen und nicht verstehen, was sie meint. »Ich tue doch«, sinniert er und träumt weiter.

Beziehungspartner Fische

Fische-Frau und Fische-Mann

Gleich und gleich gesellt sich gern. An Gefühlen und gegenseitigem Verständnis wird es diesen beiden nicht mangeln. Gemeinsam werden sie in den Sonnenuntergang wandern, sich am Strand lieben – stundenlanges Vorspiel inklusive – und am nächsten Morgen eng umschlungen wieder aufwachen.

Den beiden fehlt in dieser Kombination jeglicher Realitätssinn. Sobald es in ihrem gemeinsamen Leben zu äußerlichen, etwa materiellen Schwierigkeiten kommt, wird es auch in der Beziehung knacksen, weil jeder vom anderen erwartet, dass er etwas unternimmt. Dafür aber ist auch der andere zu passiv, sodass das Verhängnis ungebremst seinen Lauf nehmen kann.

Wenn aber alles funktioniert, können zwei Fische miteinander ein selten harmonisches Beziehungsglück finden. Keiner wird versuchen, den anderen auszunützen, sie werden sich ein heimeliges Zuhause schaffen und sich in ihrer Gutmütigkeit gegenseitig im entstehenden Chaos suchen helfen.

Die Bedeutung des Mondes in der Astrologie

Ebenso wie die Sonne fasziniert auch der Mond die Menschen seit Urzeiten. Für Naturvölker symbolisierten beide Gestirne die Kräfte und Energien, denen der Mensch ausgesetzt ist. Ist die Sonne für die Willenskraft verantwortlich, steht der Mond hingegen für die Intuition, für die emotionalen Energien. Demnach symbolisiert der Mond die weibliche Seite des Menschen, das Gefühl, das »Weiche«. Ebenso steht der Mond für das »innere Kind«, das zeitlebens und während der gesamten Erwachsenenphase in jeder Person lebt.

Jahreszeiten und Mondphasen

Der Mondzyklus dauert im Schnitt 29 Tage. Er wird in vier Phasen unterteilt, von denen jede Periode Ausdruck einer bestimmten Form von Energie ist, vergleichbar mit den Wachstumsphasen einer Blütenpflanze im Lauf der Jahreszeiten. Der zunehmende Mond lässt die Pflanze knospen, bei Vollmond hat sie die ganze Blüte erreicht, bei abnehmendem Mond nähert sie sich dem Zustand des Verwelkens, wogegen sie bei Neumond erneut zu keimen beginnt. Für ein möglichst zuverlässiges Horoskop ist es deshalb von Bedeutung, neben dem Sternzeichen (Sonne), dem Aszendenten (Planeten) und der Kombination des Sternzeichens mit dem Mondzeichen (Mond) auch die Mondphase zu berücksichtigen, in der ein Mensch geboren wurde. Denn die Energie des Mondes zum Zeitpunkt der Geburt kann sich stark auf die Ausprägung der Persönlichkeit auswirken. Die Entsprechung des »Planeten« Mond ist das Sternzeichen Krebs.

Nach innen oder außen gerichtet

Menschen, die in der Vollmondphase und in der Periode des zunehmenden Mondes geboren wurden, sind häufiger extravertiert, also nach außen gerichtet. Menschen hingegen, die bei Neumond oder bei abnehmendem Mond das Licht der Welt erblickten, gelten häufiger als introvertiert, also in sich gekehrt.

Wenn Sie es genau wissen wollen und den möglichst genauen Zeitpunkt Ihrer Geburt kennen, können Sie mithilfe von Mondtabellen die Mondphase, in der Sie geboren wurden, ermitteln. Diese können Sie zum Beispiel im Internet mithilfe von Suchmaschinen unter dem Suchbegriff »Mondphasen-Tabelle« finden.

Die Fische mit dem Mond im Sternzeichen

Wie die Sonne durchwandert auch der Mond die Sternzeichen. Allerdings wechselt er die Sternzeichen nicht ca. alle 4 Wochen wie die Sonne, sondern alle 2 bis 3 Tage. Unter welchem Mond Sie geboren wurden, können Sie zum Beispiel mithilfe von Suchmaschinen im Internet unter dem Suchbegriff »Mondkalender« herausfinden.

Fische mit Mond im Widder

Emotionale Stärke kann dieser Fisch durch den Einfluss des Feuerzeichens Widder gewinnen. Spontan und begeistert wird er auf Vorschläge und Neuerungen reagieren, nach und nach könnten ihm dann aber die Kräfte ausgehen, weil sich der Einfluss der Fische geltend macht. Unentschlossen und wenig konsequent, wie sie sein können, werden Dinge unerledigt liegen bleiben. Himmelhoch jauchzend, zu Tode betrübt: Auf den Fisch mit Widder-Mond kann das zutreffen.

Fische mit Mond im Stier

Sehr freundlich, sehr gutherzig und sehr großzügig gibt sich dieser Fisch. Er liebt ein gemütliches Zuhause, hat einen Sinn für ein schönes Ambiente, und weil dem Stier materielle Sicherheit wichtig ist, wird dieser Fisch auch weniger den Verlockungen der Träumerei nachgeben, als vielmehr gesunden Realismus entwickeln und den einmal eingeschlagenen Weg mit guter Ausdauer verfolgen. Aber Vorsicht: Die Angst des Fisches vor dem Verlassenwerden kann mit der Eifersucht und dem Besitzanspruch des Stiers eine ungesunde Kombination eingehen.

Fische mit Mond im Zwilling

Der Fisch strotzt ja nicht gerade vor Selbstvertrauen, und das wird bei diesem Fisch nicht anders sein. Zumal der Zwilling in all seiner geistigen Brillanz ja auch gelegentlich nach Halt sucht. Beide Zeichen sind beweglich und veränderlich, da kann eine gewisse Unruhe entstehen. Dazu kommt, dass sich Zwilling und Fisch in einer Grundausrichtung ihres Wesens widersprechen: Während das Wasserzeichen Fisch für Innerlichkeit und Introvertiertheit steht, ist der Zwilling nach außen gerichtet, will kommunizieren und erleben. Diese Spannungen gilt es auszuhalten oder zu kanalisieren.

Fische mit Mond im Krebs

Sehr gefühlvoll wird sich dieser Fisch zeigen. Fische und Krebs sind Wasserzeichen, in denen die emotionale Seite sehr ausgeprägt ist, das verbindet sich zu einem harmonischen Ganzen. Sehr sensibel, wie diese Kombination ist, sollte sie darauf achten, dass Störungen von außen so gering wie möglich gehalten werden. Ein schönes Zuhause und eine Möglichkeit, der Fantasie kreativen Ausdruck zu verleihen, sind für die Gesundheit der Seele wichtig.

Fische mit Mond im Löwen

Wehe, wenn er in der Liebe enttäuscht wird. Dieser Fisch wird noch mehr leiden als seine Artgenossen, denn sein Wunsch nach Anerkennung und sein Stolz sind stark. Erfährt er hier eine Kränkung, wird er lange brauchen, bis er sie überwunden hat. Davon abgesehen gewinnt dieser Fisch an Selbstbewusstsein. Ein starker Auftritt, der von der Kraft des Löwen lebt, wird sich mit seiner Freundlichkeit und Menschlichkeit zu einem Typen verbinden, der leicht Sympathien gewinnt. Die Zurückhaltung des Fisches wird das Machtstreben des Löwen abschwächen.

Fische mit Mond in der Jungfrau

Den Anforderungen, die der Jungfrau-Mond mit sich bringt, kann der unorganisierte Fisch nicht immer genügen. Mangelndes Selbstvertrauen könnte die Folge sein, die Jungfrau neigt ohnehin dazu, sehr vorsichtig und ängstlich zu sein, sie hinterfragt sich ständig. Eine zurückhaltende, vielleicht sogar etwas gehemmte Person kann sich entwickeln. Allerdings auch eine, die sich mit Freuden und ohne Gegenleistung zu erwarten in den Dienst ihrer Mitmenschen stellt.

Fische mit Mond in der Waage

Dieser Fisch hat einen großen Vorteil gegenüber seinen Artgenossen: Er hat die Gabe, über seine Gefühle, die tief und bedeutsam sind, zu sprechen. Der Einfluss des Luftzeichens Waage tut ihm gut, er geht eher aus sich heraus. Allerdings fällt es ihm besonders schwer, klare Entscheidungen zu treffen und bestimmt seinen eigenen Weg zu gehen. Gesellschaft von guten Freunden ist ihm wichtig, aber ebenso braucht er die Gelegenheit zur inneren Einkehr. Gefühl und Verstand gehen hier aber eine sinnvolle Verbindung ein, die sich in großer Kreativität ausdrücken sollte.

Fische mit Mond im Skorpion

Zur Gefühlstiefe der Fische gesellt sich die Gefühlsintensität des Skorpions. Diese beiden Wasserzeichen sind vom gleichen Schlag, der Skorpion-Mond allerdings bringt mehr Stärke und Entschiedenheit mit sich. Ein leidenschaftlicher Liebhaber ist dieser Fisch, der allerdings mit seiner Eifersucht zu kämpfen hat. Zudem wird er mit seiner harten Schale über die Empfindsamkeit seiner Seele hinwegzutäuschen versuchen – das kann nach hinten losgehen.

Fische mit Mond im Schützen

Er verliebt sich ausnehmend gern und oft – und hat auch kein Problem damit, wenn eine Liebesbeziehung wieder auseinandergeht. Der frohe und in die Zukunft gerichtete Geist des Schützen hat einen starken Einfluss auf den zaudernden Fisch. In ihm werden optimistische Gefühle wach sein, sodass er sich weitaus aufgeschlossener zeigt, als es seinem Sternzeichen sonst zu eigen ist. Existenzielle und philosophische Fragen können ihn stark beschäftigen. Allerdings ist er ein wenig sprunghaft.

Fische mit Mond im Steinbock

Hier gehen zwei Zeichen miteinander eine Verbindung ein, die weitaus mehr trennt, als sie einen könnte. So wird der Widerspruch zwischen der Empfindsamkeit des Fisches, seiner Passivität und seiner Unentschlossenheit und der entschiedenen Strebsamkeit des Steinbokks kaum aufgelöst werden können. Allerdings wird dieser Fisch wohl ein eher realistischer Zeitgenosse sein, der aber aufpassen muss, dass sein weicher Wesenskern auf Dauer nicht durch den Ehrgeiz und die Härte des Steinbockeinflusses Schaden nimmt.

Fische mit Mond im Wassermann

Hier erlebt der Fisch eine Erweiterung seines Wesens. Zur unbedingten Emotionalität und Sensibilität gesellt sich ein intellektuelles Verständnis seiner Mitmenschen. Er geht aber auch leicht auf Distanz oder versucht seine Gefühle und die seiner Mitmenschen zu ironisieren, wenn ihm etwas zu nahe geht. Ein Bedürfnis nach Unabhängigkeit, das mit der Liebessehnsucht des Fisches kontrastiert, macht seine Entscheidungen und Verhaltensweisen unberechenbar und oft schwer verständlich.

Fische mit Mond in den Fischen

Ein intuitives Verständnis für seine Mitmenschen, besonders für seinen Partner und seine Familie, zeichnet diesen Fisch aus. Tiefes Mitgefühl und der Wunsch nach Hingabe prägen den doppelten Fisch ebenso wie seine starke, aber unbestimmte Sehnsucht nach Erkenntnis oder besser nach dem Erleben von Sinnhaftigkeit in seiner Existenz. Diese unerfüllte Sehnsucht kann bis zur Depression führen, sie wird ihn anfällig für Verführungen unterschiedlichster Art machen. Zugleich potenziert sich in diesem Fisch die typische Wankelmütigkeit.

Text: Madelaine Faubert
Illustrationen Umschlag: Silvia Braunmüller
Illustrationen: Silvia Braunmüller; S. 4, 36: Dover
Publications; S. 38: Clipart ETC
Gestaltung: Renate Lehmacher, Atelier Georg
Lehmacher, Friedberg (Bay.), www.lehmacher.de
Printed by Tien Wah Press
ISBN 978-3-7607-3616-7

www.arsedition.de